Hans-Peter Grünebach

Die fünfte Jahreszeit ist gramerfüllt

Hans-Peter Grünebach

Die fünfte Jahreszeit ist gramerfüllt

Gedichte

Engelsdorfer Verlag
Leipzig
2021

Bibliografische Information durch die Deutsche Nationalbibliothek:
Die Deutsche Nationalbibliothek verzeichnet diese Publikation in der Deutschen Nationalbibliografie; detaillierte bibliografische Daten sind im Internet über https://dnb.de abrufbar.

ISBN 978-3-96940-200-9

Copyright (2021) Engelsdorfer Verlag Leipzig
Alle Rechte beim Autor
Titelbild © Stefan [Adobe Stock]
Hergestellt in Leipzig, Germany (EU)
www.engelsdorfer-verlag.de

15,00 Euro (DE)

„Die fünfte Jahreszeit ist gramerfüllt" erweitert die Gedichtsammlung „Natur, Umwelt und L'Amour" um eine Jahreszeit.

Zarten Frühlingsgefühlen folgen heiße Sommersonnentage, ein farbenfroher Herbst und puderschneeflockenweiße Winterfreuden.
Die Pandemie entpuppt sich als eine schattenreiche fünfte Jahreszeit, gewöhnlich beseelt von Alaaf-Lebenslust und
Helau-Jubelstürmen.

Frühling

Frühlingstraum

Natur erwacht, mich treibt's hinaus
zur Bank auf freiem Felde.
Von dort vernehm' ich mit Applaus,
wie's Frühling wird in Bälde.

Es schlägt, es zwitschert, tiriliert,
der Dornbusch trägt schon Knospen.
Ein kecker Sänger tanzt blasiert,
vom Hochzeitsvirus will er kosten.

Krokusse lockt es aus dem Grund;
der letzte Schnee, er schmilzt dahin.
Möwen schrei'n, tun andern kund,
dass neue Saat heißt Neu-Beginn.

Ich nicke ein, fang an zu träumen
von prallen Früchten, saft'gen Bäumen,
vom satten Grün, von milden Tagen,
vom Duft der Wies', in der ich lieg'.

Frühlingsgefühle

Natur erwacht, mich treibt's hinaus
Zur Bank auf freiem Felde,
die Blütenpracht, dort Saus und Braus,
verheißt den Lenz in Bälde.

Ich nicke ein, fang an zu träumen,
von prallen Früchten, saftigen Bäumen,
vom satten Grün, von milden Tagen,
vom Duft der Wies, in der ich lieg.

Im Blümchenkleid wird eine Fee herbeigetragen.
Die Blumenmaid umarm in Wollust ich;
küss mit des Lenzes Hauch sie wach in
Wohlbehagen.

Rausch des Frühlings

Es lähmte lange uns der Winter
mit Mütze, Handschuh, „Zwiebelschalen",
mit Eiseskälte; weit dahinter,
fast vergess'ne Wärmestrahlen.

Nun sind die Tage wieder länger;
vom satten Grün die Sinne trunken.
Auf bunten Zweigen trällern Sänger,
den Liebesruf sie vielfach unken.

Vom Berg ist letzter Schnee gewichen;
leuchtend umgibt mich Wiesengelb.
Ein Löw' hat sich ins Bild geschlichen,
strahlend zuerst, dann müd, dann welk.

Es schlagen aus Millionen Knospen
an Busch, an Strauch, auf höchstem Baum.
Ich will von diesem Rausche kosten,
bevor verweht der Blütentraum.

Osterfreude

Zwischen Krokussen im Garten
lugen Ostereier vor.
Die Kinder können's kaum erwarten,
zu stürmen süßes Nestdekor.

Zwischen Tod und Auferstehung
überwindet Gottes Sohn das Sterben,
um als Jesus den Gottvater zu beerben.

An den Schokoladeeiern
schleckt Kindermund, ruft Freud' hervor.
Ob alle wissen, was sie feiern,
Erwachsenen ist oft taub das Ohr.

Bade, bade, Osterhase!

Es lockt zum Fest der Osterhase,
zum Schwimmen lud der See;
gelb die Forsythien in der Vase,
noch weiß die Berge, tief der Schnee.

Doch die erstarkte Frühjahrssonne wies
„Hinein ins Nass, dem Winter sag Ade!",
obwohl der Wind aus Ost noch eisig blies.

Einer hielt den Rat für klug
und sprang und schwamm mit Mut,
frierend und doch wohlgemut;
entstieg dem See so blass wie Schnee,
wollt niemals Angst- und Osterhase sein.

Ward wieder warm durch Saunagang
und reichlich Rum in heißem Tee.

Regentage

Gott, der den Frühling für die Bayern schuf,
gab dem Kuckuck seinen typisch Ruf.
Gott wollte, dass der jährlich wieder
in seinem schillernden Gefieder,
am selben Ort, auf gleichem Baum,
vom hochgeleg'nen Waldessaum,
ruft über Flure seinen Namen,
wie auf die Predigt folgt das Amen.

Doch diesmal will kein Kuckuck sich bequemen;
kein Kuckuckslaut ist zu vernehmen.
Man kann's dem Federtier gar nicht verübeln,
denn über Bayern regnet's wie aus Kübeln.
Wolkenballen stauen sich wie Schergen
seit Tagen vor den stolzen Bergen
und brechen in Gewittern immer wieder
nieder auf des Kuckucks herrliches Gefieder.

Nach einer Woche weht's ein Wolkenloch.
Der Vogel, der sich vorher noch im Wald
verkroch,
taucht auf, die Federn wieder bunt;
ein Sonnenstrahl küsst Wiesengrund,
und unser Kuckuck ist begeistert,
nun seine Frühlingsbotenrolle meistert,
wischt weg den tristen Geisterspuk
und tönt vom Walde laut „Kuckuck!".

Biberpelze

Lang glitzerte Eis, wo Mücken nun
tanzen zwischen Weiden, Pappeln,
oder in taufrischen Netzen zappeln,
gesponnen nach des Nagers Tun,
als der des Nachts mit seinen Zähnchen
zwei Halbwuchs-Erlen ratz verbiss,
und dabei Spinnennetze riss,
für seines Weibes Wohnbau-Plänchen.

Solang Gewässer waren zugefroren
und saft'ge Zweige in der Kammer,
war's ruhig in den Armen der Alt-Ammer;
die Bäume blieben ungeschoren.

Doch da im Monat Mai, welcher ist der Fünfte,
die Burgherrin kommt wieder nieder,
und will die Burg erweitert haben wieder,
der Burgherr nagt für neue Unterkünfte.

Solang der Burgherr als Koordinator
in Sanduhrtechnik Hölzer fällt und
kein Förster ihm sein Tun vergällt,
bleibt für gesunde Welt der Biber Indikator.

Die Jungen suchen weitab neuen Lebensraum,
finden Büsche, Zweige, Blätter kulinarisch;
leben friedlich und bescheiden vegetarisch.

Nur die Burgherrin drängt neu ein Liebestraum:

Für das Gewölbe in der Kinderstube
wünscht sie sich, zum Schutz der Kuschel-Grube,
einen von ihm gravierten Weichholzbaum.

Die Amsel

Am Horizont der Tag gewinnt,
Nachtfalter flattern noch umher.
Schon singt ein Vogel sein Begehr,
ein Amselmännchen, wohlgesinnt.

Im Fortschrittskleid vom hohen Dach
kreiert der Frühe Stück um Stück,
tönt durchs Revier sein Lebensglück,
Strophe für Strophe hundertfach.

Sein Rufmotiv, sein Naturell,
lädt melodiös zum Liedappell.
Die Vogelschar singt in den Bäumen,
weckt so die Menschen aus den Träumen.

Nur die Elster, schlecht gelitten,
und Maunz, die elegante Katz,
bewirken warnend Zeterhatz
gegen räuberische Sitten.

An das Fenster trifft ein Schlag.
Ein Amselmännchen, mir wird's arg,
noch Kleingefieder, Mauserflaum.

Es ruht nun unterm Pflaumenbaum.

Kamikaze-Elster

Eine Kamikaze-Elster,
an Hamburgs Großer Alster,
attackiert, als böser Schelm,
stets Postboten mit Tücken
von hinten in den Rücken,
nur die mit Rad und gelbem Helm.

Ein attackierter Briefzusteller
heute reist nur mit Propeller;
Pech der Elster, als die dreist
den gelben Drohnenmotor speist.

Der Star

Auf grünem Teppich trippelt er,
der Star des Jahres, hin und her,
pickt sich vorwärts durch den Garten,
schlemmt sich durch Larven, Krabbelarten.

In enger Baumhöhle erwarten
vier Küken, die zum Eingang starten,
mit Riesenschnäbeln das Gekrabbel,
ums Gekrabbel wild Gekabbel.

Nicht nur von der Starenmutter
kommt das Essen; nein, das Futter
bringt paritätisch Papa bei,
ein Popstar der Liedzauberei.

Im Prachtkleid, unter Starallüren,
kann er mit Liedkunst uns verführen.
Imitiert den Pfiff für Hund Peron,
auch jeden smarten Klingelton.

Mit bühnenreifem Flügelschlag
besingt der Star den Sommertag,
bis aus Norden eine Starenschar
aufnimmt dieses Elternpaar.

Die Südlandreise ist gefährlich.
Manch ein Starkoch schaut begehrlich,
was Jäger mit dem Netz gejagt.
Der Star ist dort frittiert gefragt.

Krone der Schöpfung

Was dem König ist die Krone,
ist dem Rind sein stolzes Horn.
Bei Verlust sind, zweifelsohne,
beide lustlos und voll Zorn.

Doch was dem einen ein Organ,
Hornkrone unter Gleichen,
ist nur dem treuen Untertan
des anderen Hoheitszeichen.

Während das Horn organisch lebt,
ist Königskrone tot, geklebt,
Sein und Schein hat sie gekürt.
Der Natur Respekt gebührt.

Drum laßt dem Rind sein Würdehorn
und nehmt seinem Padrone
den Wahn vor dem Gefahrendorn.

Kein Mensch ist Schöpfungskrone!

Erste Liebe

Beklommen tasten sie
in prickelnder Gegenwart,
ihre Gänsehaut
macht erste Liebe
unschuldig zart.
Mit zittrigem Bangen
suchen Hände verwegen
und träumen knisternd
ihrem Glück entgegen.

Erste Berührung

Beklommen ertasten sie
In prickelnder Fahrt
Mit zittrigem Bangen
Auf Gänsehaut zart
Die Hände verwegen
Ihrem Glücke entgegen

Versuch
einer Liebeserklärung

Mit ihrem Lächeln blüht der Lenz,
lacht sie gar, die Sonne strahlt.
Ihr Weinen will getröstet werden,
es geht schnell weiter hier auf Erden.

Was sie beginnt, das setzt sie fort,
ist anpassbar an jedem Ort.
Wenn ein Programm, ein kluges Wort,
empfiehlt ein Tun, sie tut's
zur Freude von Kultur und Sport.

Hört er ihre Stimme nah,
so ist's als wenn ein Vöglein klingt,
lupenrein, fröhlich, zwitscherklar,
sobald sie mit ihm Lieder singt.

Ist sie zornig gib gut Acht!

Wenn sie ja sagt, wohlbedacht,
ist ein Feuer ihr entfacht,
sie öffnet Arme, öffnet Herz,
hilft wo sie kann und lindert Schmerz.
Wen sie mag, dem bleibt die Treue.
Der sie liebt, spürt Liebe jeden Tag aufs Neue.

Erstkommunion

Es hüpft ein Feelein, ganz in weiß,
am See durchs frühlinghafte Gras.
Unweit äugt ein Rehlein, das nicht weiß,
wo es noch gestern lecker fraß.

Ein kleiner Prinz mit blondem Haar,
Pauls Krawatte silbern scheint,
treibt einen Ball mit seiner Schar;
der kleine Bruder sitzt und weint.

Zu klein noch, um das Spiel zu spielen;
der Ball zu groß fürs Füßelein.
Wehe, wenn sie beim Ballspiel fielen,
am großen Tag des Prinzelein.

Das ist der Mutter frommes Hoffen,
dass Kleid und Anzug bleiben heil
und unbeschadet, und den Stoffen
nicht fremde Farbe wird zuteil.

Doch Fee und Prinz, Kommunikanten,
sind froh, den Tratsch und Ratsch zu flieh'n;
den alten Onkels und den Tanten,
die nur zum Essen kamen, wie es schien.

Der Ball schwimmt auf den See hinaus und
Schwester Lore, die ihn weggeschossen,
liegt flach, ihr Kleid schaut grünlich aus,
gelbe Sprenkel eingeschlossen.

Paul, den Angst ergreift vor Strafgericht,
springt in den See, so wie er war;
besteht seine gefühlte Ehrenpflicht,
doch war die Buße absehbar.

Der Pfarrer, der beim Schmaus zugegen,
ruft: „Kommt her, ihr Schwerenöter!"
„Habt gerad gebeichtet – schon, verwegen,
färbt euch Scham und Sünde röter?"

Da lacht der Vater „Halt! Halt ein!"
„Wie kann denn Spielen Sünde sein?
Ich will den lieben Paul jetzt loben;
hat er nicht beim Fussballtoben
den Ball gerettet aus dem See?"

„Doch was nicht geht, dies muss er lernen,
darf nicht vom Bruder sich entfernen!
Deshalb, Herr Pfarrer, die Empfehlung:
Zur Einigung und Besserung
nehmt den Lausbub hier als Ministrant!"

Nun erst wird Paulchen puterrot
und schluchzt:
„**W**är ich doch Moslem oder tot!"

Lauf zum 1. Mai

Wo sich zwischen Birken stille Wasser
schlängeln,
wo es nach Bärlauch riecht und Moos,
wo sich wurzeldurchwachsene Pfade drängeln,
ist die Natur noch makellos.

Einmal im Jahr zum ersten Mai
verliert die Au ihr Gleichgewicht;
ruft in des Auwalds Träumerei
der Mensch zum Sport als Bürgerpflicht.

In idyllischer Umgebung
soll man bewegen sich im Rund;
pädagogische Abwägung
will, dass der Körper bleibt gesund.

Es eilen Staffeln in dem Kreis,
mit Nummern eins, zwei, drei und vier;
in schrillen Trikots, jeder weiß,
dass hoher Einsatz hilft dem „Wir".

Große Helden sind die Kleinsten.
„Voll cool" steh'n sie in Positur,
Zwirn und Schuhwerk schon vom Feinsten;
sie sprinten flink und voll Bravour.

Pokale sind der Sieger Lohn,
stolz steigen diese aufs Podest.
Den Rängen bleibt ein wenig Hohn,
sie klatschen lächelnd mit dem Rest.

Voll registriert vom Redakteur
sind all die Zahlen fürs Archiv;
ihm selbst fiel heut das Laufen schwer,
sein Opfer war fürs Kollektiv.

Auch vierzig Helfer hatten Spaß.
Gut, dass die Schar zufrieden war.
Die Planung war exakt nach Maß,
die Läufer fanden's wunderbar.

Erst als die Sonne weicht, der Abendwind
dem Auwald wieder Kühle bringt,
kehrt Stille ein zwischen den Birken.
Nur ein paar Frösche aus den Nass-Bezirken,
beschweren sich, noch aufgebracht von dem
Geschrei:
„Genug, genug der Quälerei – Lasst nun im Wald
uns wieder wirken!"

Der Löwenzahn

Wie lieb ich dieses satte Gelb
von tausendfachem Löwenzahn!
Bevor sein Wuschelkopf wird welk
auf seiner kurzen Lebensbahn,
lädt er die Bienen ein zum Schmaus.

Wie schätz ich seinen Sinneswandel
bei Regen, Trockenheit und Nacht!
„Türe zu!" dem emsig Handel,
bis Sonnenschein erneut erwacht;
und Maiwies' summt in Saus und Braus.

Wie mag ich, wenn die Wiese weiß,
nun voller Pusteblumen steht!
Ein Windhauch, auf der Blum' Geheiß,
Propellersamen weit weg weht;
unseren Gärtnern stets zum Graus.

Wie schmecken von den Blütenstrahlen
süßlicher Sirup und Gelee,
aus Blättern zart Salat-Auswahlen,
und aus tiefen Wurzeln feiner Tee!
Lädt auch den Gärtner ein zum Schmaus;
dem Löwenzahn gebührt Applaus!

Katzenwahl

Es kratzte sich am Kopf ein Kater,
nachdenklich wie ein weiser Mann,
der Zahn der Zeit war sein Berater,
stellt ihn zur Wahl, die er gewann.

Nun ist ein Kater Kopf des Ganzen,
vom Schmusekurs rät man ihm ab,
ein Hofstaat mit devoten Schranzen
schaut weiter auf das Volk hinab.

Doch der Siegeskater kam von Unten,
weiß, wem er um die Beine strich,
war einer der beliebten Bunten,
ein Menschenfreund, kein Wüterich.

Es erlässt der Neue ein Dekret:
„Gleichheit allen Kreaturen!",
er unterschreibt ein weiteres Pamphlet;
schickt zum Teufel die Auguren.

Fortan lenkt ein Kater als Tyrann
die Geschicke dieses Staates.
Er misstraut manch Mensch,
holt Katzen ran,
die allzeit Geber guten Rates sind
und bessre Diplomaten,
da Katz im Voraus riecht
missratene Braten.

Zum Lago Maggiore
mit dem Rad

Dem Freund soll sie gewidmet sein,
die Fahrt über die Berge,
zum See der Farben, Inseln, Wein,
zum Borromäer-Erbe.

Im Mai dort duftend Rosen blüh'n
am Lago der zwei Sonnen,
die eine strahlt für „immer grün",
die andre für die Wonnen.

Der deutschen Lande Wolken, Schnee,
der Unbill schnell entzogen,
bergauf, bergab bis an den See
der Wetterwand entflogen.

Es ist auch Sehnsucht nach dem Land,
das Heimat war für Weilen,
es prägte manches Freundschaftsband
und formte manche Zeilen.

So ist es wert, dass ich mich plage
über Pässe und durch Täler,
per Eigenantrieb für drei Tage –
im Blick die Meilen auf dem Zähler.

Vereint mit Weg, Natur und Stille
nah an des Klosters Felsenrand,
trieben mich Hoffnung, Stolz und Wille;
bis die Bewegung Ruhe fand.

Erst in der heiligen Kapelle
des Eremiten ahnte ich,
welch Reiseglück war stets zur Stelle,
welch Gotteshand beschützte mich.

Felsenkloster
Santa Caterina del Sasso
Lago Maggiore

Mit Bleistift signiert von

Johnstone Baird (1880-1936)

Fetching Etchings collection Great Britain.

Sommer

Neumond

Der Hase auf dem Dach
sagt zu dem Bären „Ach,
könnt ich den Mond doch sehn
ich würde weit für gehn."

Da sagt der Bär „Du Trottel,
bei Dir heißt Gehn Gehoppel.
Ich geh jetzt bärig schlafen,
sonst wird der Mond mich strafen."

„**H**ast recht", sagt da der Hase,
„der Mond hat nur ne Phase,
er kommt als Sichel wieder,
drum leg auch ich mich nieder."

Des Malers Mohnfeld

Auf dem Gemälde, gegen Sonne,
trägt eine Dame Hut und Schirm.
Dem Kind im Grase eine Wonne,
sich Mohn zu stecken an den Zwirn.

Beinah versunken in der Pracht
des Sommertages sucht der Wicht
im Meer der roten Blütenmacht
hinter der Blume ihr Gesicht.

Oben am Wege, der Chaussee,
vor der Allee im Mittagswind,
lustwandeln zwischen duftend Klee
die zweite Frau, ein andres Kind.

Am Landhaus wacht im Hintergrund
über die Gruppe und den Mohn
ein adeliger Kettenhund,
vom Gnadenbrot sein Alterslohn.

Auf den Gräbern der Soldaten,
wuchs mahnend Mohn, zu Blut geraten.

Der Blutmohn lebt, muss seitdem wandern
für die, die leise starben einst in Flandern.

Sommerzeit

Das Korn steht frisch noch auf den Feldern,
die Menschen streben an die Seen.
Sie suchen Abwechslung in Wäldern,
oder ein Gipfel-Phänomen.

Es ist die Zeit der Outdoor-Tage.
Ob Grillen, Straßenfeste, Sport,
Wandern, Klettern, Reitanlage;
das Wetter bestimmt oft den Ort.

Für Schüler winken Ferienzeiten;
das gilt für Lehrer ebenso.
Den einen zieht's in nördlich' Breiten,
den anderen nur nach Gardolo.

Der Sommer wird nicht allzu alt.
Ich will die warme Zeit genießen,
bevor es dunkel wird und kalt
und Nebeltage mich verdrießen.

Ich buche zweimal Oberland,
und bleib daheim, das hat Bestand.

Der Rehbock

Weiße Strahler voraus eilen,
Regenwand und Dunkel teilen,
dass ich, auf der Urlaubsreise,
steure durch die Wildparkschneise.

Baumschatten das Tempo fliehen,
Glühwürmchen im Dämmer ziehen.
Ein Rehbock ist im Licht erstarrt,
zitternd er am Waldrand harrt.

Fuchs und Hase ängstlich gucken
als der Bock beginnt zu rucken,
der springt, gereckt das Horn zur Brunft,
blindlings los voll Unvernunft.

Ich schrecke auf, der Kopf wird heiß.
Ich schlingre, fluche, Angst treibt Schweiß.
Das Auto rutscht am Bock vorbei.
Der lebt und sucht die Finsternei.

Wie auch der Mensch, oft in Gefahr,
nahm Bock das Risiko nicht wahr.
Er sann in jenem Augenblicke
in Liebe nur nach seiner Ricke.

Der Traum vom Meer

Barfuß durchquere ich den heißen Strand,
spring mit den Wellen um die Wette;
versinke knöcheltief im weißen Sand,
dreh übermütig eine Pirouette.

Bei meinem Lauf zu spitzigen Klippen
ritzt mich verwaschenes Felsgestein,
spritzen Geysire, Fontänen schwippen
hinterlassen Salz auf meinem Bein.

Ich atme den Wind, der wilde Töne
über die Brandungsfelsen pfeift.
Eine Kohorte Krebse mit Gedröhne
und Hurra vom Gestade Besitz ergreift.

Heerscharen von glitschigen Harnischtieren,
zur Angriffslinie quer marschieren.
Taschenkrebse und Geisterkrabben
flüchten sich hinter Felsenkappen.

Augen blicken sehnsüchtig lang
auf die tosende Meeresfront.
Bei genüsslichem Müßiggang
versilbert Sonnfeuer den Horizont.

Hundstage

Luftstill flimmern Sonnenflammen
über dampfigem Asphalt;
Grillduft über glimmen Wannen,
heiß her weht Naturgewalt.

Glut liegt auf Prometheus Erben,
brennend beißt die Hundstortur.
Schwache Kreaturen sterben
bei der Höllentemperatur.

Hitze wallt und Augen flackern;
alles träumt vom Schattenwald.
Kräfte schonen, sparsam ackern,
übt Geduld, es regnet bald!

Laurentius-Tränen

Das Firmament schien sternenklar,
als wir ermattet niedersanken;
das Wandern bracht' die Jungenschar
dazu, dem lieben Gott zu danken,
für Pfade, die, „Allzeit bereit!",
uns führten zu mehr Festigkeit.

So lag ich nachts abseits des Wegs
und warf die Allerweltgedanken
weit weg; ich wollte keineswegs
ein Kind mehr sein und erkranken.
Zur Stärkung des halbwüchs'gen „Ich"
wollt' ich nicht bleiben zögerlich.

Mit Blick zum Himmel, Duft vom Gras,
beschloss ich, nicht zu wanken;
zu wachsen auf mit Augenmaß,
nicht um Geringfügiges zu zanken.
Zur Prägung meines neuen „Ich"
wollte ich auch dichten meisterlich.

Da plötzlich spuckt' der Himmel Licht,
aus Sternbild Perseus träufelt' Feuer,
es regnet' Leuchtspurschnuppen dicht:
Perseidenschwarm, kein Ungeheuer.
Fluchs wünscht' ich mir zu meinem „Ich"
noch ein geliebtes, weiblich „Dich".

Malt mir den Himmel bunt

Wenn Saturn im Sternbild Jungfrau steht,
der rote Mars aus Waage geht,
wenn Sternenwünsche sich erfüllen,
bunte Sehnsüchte zu stillen,
dann malt mir einfach mit der Hand
auf die abstrakte Himmelswand
die Milchstraße in lichten Farben,
zwei Fische als moosgrüne Barben,
dem Bären gleich sein Zottelfell,
den Schützen schrill in Aquarell.

Andromeda in Nebelschwaden;
Abendstern geht Purpur baden.
Drache soll ruhig Feuer speien,
Schlangenträger sollen schreien.
Von Herkul's Muskeln tropft das Öl,
ölt Wagenlenkers Trunk-Gegröl'.

All das, getaucht in tiefes Blau,
ist namenloser Malerstolz.

Zur farbig frohen Himmelsschau
begegnet mir der Mann im Mond,
der in gelbrotem Hause wohnt,
doch, insgeheim und listig lächelnd,
auf einer poppigen Palette thront.

Sommerlicht

Lichtfunken flimmern über gold'nen Feldern,
der Bauer drischt sein reifes Korn,
noch steht das Vieh vor Schattenwäldern
und wetzt am Baum das Sichelhorn.
Noch hat die Herde Saft zum Grasen;
noch bettet Müde dichter Rasen.

Lichttrunken tanzen Wolken grauer Mücken
im Schutz von hochgewachsenem Mais,
noch kann man Gräser auf der Wiese pflücken,
dreht Sonnenblume ihren Kreis,
atmet die Flur in tiefen Zügen
für Jung und Alt Sommervergnügen.

Lichtprunkend walzen sehnsuchtsvolle Städter
in diese schäumende Natur.
Noch spenden prachtvoll Dächer voller Blätter
Erholung pur und Seelenkur.
Noch dient dem Haupt ein Wiesenkissen,
ist Waldbeere ein Leckerbissen.

Licht suchend quaken salbungsvoll die Unken,
dass bald vorbei Picknick-Idyll,
der Sonne Wärmestrahlen dann versunken,
das Gras ist feucht, der Abend kühl.

Ich spüre, dass die Sommertage
bald weichen buntem Herbstgelage.

Hasenjagd
zur Fußballweltmeisterschaft

Vornehm, stolz, weltmeisterlich,
war Meister Lampes Repertoire,
hochmütig wie ein Fußballstar.
Doch angstvoll, klagend, zitterlich,
war das Spiel, nicht ritterlich.
Statt Siege auf dem Rasen,
gab's Spott nun für die Hasen.

Götterdämmerung

Sinnlos ist ein Spiel,
das Freunde macht zu Feinden,
das verbunden ist mit Leiden
und sittenlos im Stil.

Wertlos ist ein Sieg im Leben,
der ehrlich nicht herbeigeführt,
und inhaltslos Medaillenregen,
wenn echtes Leid nicht mehr berührt.

Ode an eine Literaturzeitschrift

Ein Riese verlegt Themen-Stories.
Von München bis zur Kirche Wies
Liest, in den Bergen wie im Ries,
der Bayer sich ins Paradies.

Auch in London bei den Tories
schmökert man im Nebel „Stories".
Macron las gern in Notre Dame,
bis feurig wurd's, ein Traum zerrann.

Goethe, der im Dichterhimmel
und Villon, der Sittenlümmel,
hören aus höllischem Verlies
Mephisto zitieren aus „Stories".

Shakespeare steht auf einer Wolke,
an seine Seite Witwe Bolte.
Ihr Hosianna meint präzis
ein Halleluja auf „Stories".

Auch die Kunst steht stark im Plus.
Mit Tusche-grafischem Genuss,
kreiert die Künstlerin mit Fleiß
„Stories" kunstvoll in schwarz-weiß.

Ob gut ob schlecht, da meint von oben
Oscar Wilde, recht abgehoben,
„Allein das Beste reicht mir schon.
Her mit der neuen Edition!"

Unter Trauerweiden

Die grauen Berge nah am See
sind Trug, es spiegeln sich die Trauerweiden.
Aus Silberkronen Flocken Schnee
im Fluge duften samenseiden.
Am Gestade gellt ein Schrei: ein Kind,
das beim Baden um sein Leben ringt
braucht Helfershände jetzt, sofort,
kein Boot, kein Rettungsring vor Ort.

Da springt,
kaum selbst des Schwimmens mächtig,
ein schwarzer Junge, schmal, ja schmächtig,
selbstlos in das kalte Nass.

Er schlägt mit Armen und mit Beinen,
erreicht das Kind und zieht,
bis selbst er blau und blass,
den kleinen Hosenmatz
an einen sicheren Platz
ans Ufer zu den Seinen.

Die Mutter holt mit Dank ihr Kind,
hüllt es in Decken ein geschwind.

Sie muss nicht weiter leiden.

Unter hängend Trauerweiden,
aus Afrika und selbst malad,
der Retter zittert, lächelt zart,
beglückt von seiner guten Tat.

Tragödie auf dem Klosterdach

Am Klosterfirst, in diesem Jahr,
hallt' es nach vom Schnabelklappern;
zum Gruß, als Wink; das alte Paar
hört' sich zur Balz gern plappern.

Ihr Haus ein Horst aus Zweig und Flaum,
ein Ringgeflecht - Kamin statt Baum,
wie eine Krone auf Walhall,
schützt das Gelege vor dem Fall.

Herr und Frau Adebar im Glück;
flogen im Wechsel hin, zurück;
füttern drei hungrig' Storchenküken,
sie mit verdautem Wurm beglücken.

Mehr Schnabel als ein kleiner Kopf,
beim Jüngsten blieb er aufgesperrt;
Sintflut ertränkt' den zarten Schopf.
Den Leichnam über Bord gezerrt.

Beim ersten Flugversuch, oh weh,
erfasst' den Zweiten eine Bö,
brach ihm den Hals, so weiß wie Schnee,
fiel in den Klosterhof - Adieu!

Drei schritten alsbald übers Feld,
verharrten, Beine angestellt,
mit gezücktem Schnabel-Katapult
an Mäuselöchern mit Geduld.

Für Adebars wurd's Zeit zum Flug,
dem hochriskanten Vogelzug.
Sie hoben ihr schwarz-weiß Gefieder,
setzten im Dorf sich nicht mehr nieder.

Ich sah die schönen Kreaturen
gen Südwest ihre Bahnen spuren.
Immer kleiner werdend schwangen
sie die gewalt'gen Flügelspannen.

Im Dorf hoffen nun seine Bewohner,
nach der Tragödie dieses Jahres,
dass jene edlen Luft-Dragoner
wiederkehren besseren Tages.

Die Rose

Ein Auge sitzt im Morgentau
die Knospe spitzt, treibt Körperbau.
In Offenheit entfaltet sie
ihr Hochzeitskleid in Poesie
und lockt kokett zum Halali.

Ob rosa, weiß, gar rot, goldgelb,
der Rose Lebenskreis wird welk,
wenn satt Natur mit Blütenpracht,
es Abend wird,
dann länger Nacht.

Seidenweiche Blütenblätter,
Herbstlaub, das verdorrt, vergeht.
Es folgt neu auf Winterwetter
Rosenduft, am Strauch verweht,
die Königin und ihr Poet.

Das Klostergut

Zwanzig Jahre ohne Pächter,
der Zahn der Zeit hat, ohne Wächter,
dem Klostergut den Putz geraubt,
es eingesponnen, eingestaubt.

Das Gut mit heldengleichen Seiten
sah ökonomisch bessre Zeiten,
war literarisch einst ganz groß,
es schrieben Dichter hier famos.

So machte Mörike hier halt,
manch ein Künstler wurd hier alt.
Den Malern stand das Gut Modell,
in Kohle, Farbe, Aquarell.

Mit „Schweigestill" in „Pfeiffering"
konnt Thomas Mann, der Dichterling,
den Schweigharthof für Ewigkeiten
im „Doktor Faustus" einarbeiten.

Dass aus dem frühen Fahrradfreund,
der stets mit Hut, sonnengebräunt,
später wurd ein Autonarr,
war damals noch nicht absehbar.

Ein anderer, der Autos liebte,
und gerad drei Altertümer siebte,
vernarrte sich ins Klostergut
und packte an mit Wagemut.

Der Retter deckte alte Dächer,
stopfte dem Gemäuer Löcher;
er setzte Grund und Hof instand
mit wachem Visionärverstand.

In Handarbeit zum Denkmalspfleger,
zum Statiker, zum Plattenleger,
zum Architekten, Ingenieur,
dem Retter war kein Tun zu schwer.

Vor Nässe wurd das Gut geschützt,
die Mühle restauriert, genützt,
die Stromversorgung jetzt autark,
das sportlich junge Team war stark.

Nun war Platz in den Bezirken
und für Ideen um weitres Wirken
an Oldies, schönen Straßenflitzern,
zur Freude von den Nachbesitzern.

Nach all den Jahren Energie,
Kraft, Ausdauer und Empathie,
nach vierzig Jahren Endlosarbeit,
gab's guten Grund zur Festlichkeit
und Ehrung dieser Kostbarkeit.

Wohnraum schaffte seine Gunst,
siegreiche Rennen, Label, Kunst.
Fürs Klosterdorf ist`s Meisterwerk!

Dem Retter gebührt großer Dank
und im Geschichtsbuch ein Vermerk!

Polling in Oberbayern

Brücke mit Kloster
im Hintergrund

Ausschnitt einer Ansichtskarte um 1900
by J. A. Hilger

Herbst

Altweibersommer

Wenn die Tage schwinden, es wird früher Nacht,
wenn sich bunt färbt der belaubten Bäume
Pracht,
wenn noch einmal der Weiher lädt zum Bade ein,
wenn silbern glitzert Gespinst im Sonnenschein,
wenn Kreatur sucht Logis schon gegen Frost,
wenn der Winzer keltert reife Beer zu Most,
wenn der Abend kühlt das sommermüde Land,
wenn sich Zuckerwatte hebt von Geisterhand,
soll's Altweibersommer sein.

Es ist Spinnweiben-Zeit, nicht Weibern zum
Gedenk,
der Natur nachträglich sommerlich Geschenk.
Im jährlich verfügten Jahreszeitenband
reicht jetzt Herr Sommer Herrn Herbst die Hand.

Griechischer Traum

Mit der Sieben
ist´s gut Lieben.
Halbe Dekaden
erwarten Taten
und erstreben
mit der Liebe,
frische Triebe,
am Ölbaum,
dem entfernten,
und am Traum
der üppig Ernten.

Der Igel

Der Igel, schlauer Friedensheld,
noch raschelt durch die Gartenwelt.
Obwohl er trägt ein Stachelkleid
und trotz seiner Wehrhaftigkeit,
droht Lebensraum zu schwinden,
und Igelkinder zu erblinden.
Leer schon ist die Igelkiste.
Zu seinem Schutz: die „Rote Liste!"

Heidschnuckenmahl

Zwischen Harburg, Bremen, Brackel
befragt man am Wolfsstein das Orakel.
Wo Pietzmoor, Kiefern, Birken stehn,
auf schütterem Boden Gräser blühn,
wo Eichenwäldern, flachgewellt,
sich Besenheide zugesellt,
wo grau-weiß führen Wanderwege
durch uralte Naturgehege,
Wachholderhecken Windschutz bieten,
Haselwälder Feind verrieten,
heut Reh und Hirsche ängstlich gucken,
sich in den Sand der Heide ducken,
in Panik Schafe blöken, knäulen,
und nicht mit den Wölfen heulen.

Bei Niederhavelbeck, ums Eck,
da sprangen kluge Schafe weg.
Doch die Bürgerwehr von Brackel
fand sich in einem Alp-Debakel,
als Wölfe dreißig Heideschnucken
begannen nüchtern zu verschlucken.
Und nur die Tapfren von Klein-Brackel
verhinderten ein Blut-Spektakel.

Der Erlenkönig

Besinnlich wiegt er Tag für Tag
die Zweige und fragt, wie lang noch mag
dem Sturmwind er die Stirne bieten,
bis sie sein brüchig Haus verrieten
und morsche Äste weit hin fallen,
auf Bäche, Wege, Leben prallen.
Sein Kindheitstraum hier alt zu werden,
hat sich erfüllt. Auf dieser Erden
bleibt auch dem König nur das Sterben.

Die Reschenschlange

In Reihe ziehen Nebelschwaden,
schleierhaft, zerpflückt, verzerrt.
Wind getrieben, wie in Sagen,
geben Geister ihr Konzert.

Zwischen Graunkopf und Schöneben
hat der Dampf den Pass passiert.
Trübe Bänder wandern, schweben,
zur Endlosschlange modelliert.

Entlang des Sees, wie kalkgebleicht,
das Dunstreptil den Deich erreicht.
Es züngelt sich das Tal hinunter
wie Ringelnattern züngeln munter,
sprüht ein paar Niesel, arm und reich.
Dann ist es weg, gespenstergleich.

Über die Riffelscharte

Mit der gezahnten Bimmelbahn
ruckle ich durch Garmischs Weiden,
von trautem Plane angetan,
Berge heute zu besteigen.

Doch vor dem Berg öffnet die Welt
den Schlund der Klamm und nimmt mich auf.
Es steigt der Pfad, das Wassert fällt,
nimmt grün durch Gumpen seinen Lauf.

Der Tritt wird enger, schmal die Schlucht,
Pfade sich an Felsen zwängen,
erdrückend die gewalt'ge Wucht
mit der die Wogen ins Tal drängen.

Letztendlich wird es wieder Licht,
die Klamm weicht einer satten Alm;
dahinter steile Wände dicht.
Jubelnd pfeif ich auf dem Halm.

Nach Hüttenjause geht's bergauf
zur aussichtsreichen Scharte;
Gämsen begleiten mich zuhauf.
Ich oben meinen Schatz erwarte.

Den Grat erreicht, der Blick grandios
aufs schöne Werdenfelser Land.
Hier steh'n wir nun am Berg famos,
abwärts vor uns senkrecht Wand.

Am schmalen Felstritt wird's mir heiß;
rückwärts runter an der Leiter.
Mitleidig lugt ein Edelweiß
das Kar hinab zum Eibsee weiter.

Dort endet, wie es auch geplant,
die Tour mit einem Sprung ins Nass.
Als kühl der Kopf, mir leise schwant;
beim Blick zurück werd ich fast blass:
„Ich bin ja nicht mehr schwindelfrei!"

Doch auf die Liebste war Verlass!
Sie half mir bei der Kraxelei.
So war ich dankbar meinem „Ass".

Modenschau Oktoberfest

Jedes Jahr aufs Neue
entsteht uns Bayern ein Problem,
wie soll'n wir, ohne Reue,
gekleidet auf die Wiesn geh'n?

Für warme oder kalte Tage:
Seidendirndl, fesche Hos',
Spitzen-Borten-Takelage;
ein enges Mieder säß famos.

Korsetts sind heuer inklusiv,
zum Anbandeln auch Kettchen.
Accessoires sind lukrativ,
so auch Herzen an Manschettchen.

Leo-Wäsche mit dem Hirsch
und Brezn-Ohrring, originell?
Handgelenkswärmer für die Pirsch,
und München-Hoserl fürs Gestell?

Mit Hirschkopf-Tasche extravagant,
dazu den Filzhut – attraktiv?
Die Muster sind heute brillant,
champagner oder gar oliv?

Schrill oder traditionelles Design?
Meine „Frau" ist unentschlossen.
Dürfen's auch Beerentöne sein?
Die Qual der Wahl macht uns verdrossen.

Für „Mann" ist die „Kurze" wieder „in",
die Trachtenweste jetzt aus Samt!
Doch Kosten-Nutzen-Widersinn?
Entscheidung jetzt – ein Streit entflammt.

Weise lenkt ein meine Frau und sagt:
„Bevor die Harmonie zerbricht,
verzichten wir auf Modenschau,
bleiben fern dem Trachtengau
und erwarten mit Zuversicht
daheim den Televisionsbericht."

Herbstgedanken

Dies Jahr war ein gewaltig' Jahr
für alles, was im Garten spross.
Weil Regen reichlich jeden Keimling goss,
war gute Ernte absehbar.

Ob Beeren, Äpfel, Birn', Melonen,
verführerisch die glänzend' Frucht;
und mit dämonenhafter Wucht
schossen feiste Hülsenbohnen.

Nun sitz ich unterm Rosenbogen,
die Nacht lugt schon herein.
Ins Kristall mit spritz'gem Wein
ist Abendrosa eingezogen.

Meine Bogenros' trägt Wassertriebe.
Wirr drehen sich Stängel um die Äste.
Die Schnecke, die sie nackt durchnässte,
fraß Löcher in das Blattgetriebe.

Ein Lufthauch raschelt durch die Blätter,
die lustlos an den Zweigen wiegen.
Welktod wird über Blüte siegen,
wenn Sturmtief ablöst Sonnenwetter.

Am Wege seh' ich Laub schon liegen
und Blütenblätter in geringer Zahl;
da trudelt gerad ein weiteres Mal
ein Herz aus Samt – will abwärts fliegen.

Ich heb es auf und an die Nase;
noch liegt ein Duft auf diesem Blatt.
Ich reib es sanft und unter Tränen glatt;
es reut mich jede Rose in der Vase.

Der Rosenstrauch in jenen Tagen
wird noch ein Weilchen Knospen tragen,
bis Frost ihm in die Glieder fährt
und der Schnee ihm eine Paus' gewährt,
damit er Kraft tankt, um erneut zu fragen:
„Ist's Frühling bald? Kann ich's schon wagen?"

Erntedank und Winterträume

Grüngelb stehen die Stauden auf dem Feld,
die Maiskolben sind prall gefüllt,
für manches Tier jetzt schützend Schattenwelt,
für Fuchs und Reh und anderes Wild.
Ernte Dank und Dank den Bauern!

Die Wälder wechseln nun ihr Blätterkleid;
Bäume leuchtend gelbrot Kronen tragen.
Im Licht verkünden Farben weit und breit,
dass Frost kommt bald, bringt Unbehagen.

Ich freu' mich schon auf kält're Tage,
mit Freuden erwarte ich den Schnee.
Bis ich mich dann nach draußen wage,
träum' ich von Dir am Kanapee.

Asternblüte

An Chrysanthemen, Dahlien, Heiden,
derzeit noch Bienenvölker weiden.
Wenn Igel schon nach drinnen drängen,
und andre Blumenköpfe hängen,
schmucklos Sommerblumenstängel stehn,
dann strahlen Astern selbst im Nebel schön.

Ob Kissen-, Raublatt-, Myrtenaster,
wie rötlich, weißblau Alabaster,
mit wuchtig bunten Blumeninseln,
Farbspiel gemalt von Künstlerpinseln,
in zartem Rosa, Weinrot, hellem Gelb.
Die Asternschönheit wird erst welk,
wenn keine neuen Stängel sprießen
und Blicke sie nicht mehr genießen.

Sobald unsre Gärten schneebedeckt,
sich die Aster unterm Schnee versteckt.
Erwartet dort die Sterbestunde,
hofft auf die Jahreszeitenrunde.
Wenn dem Sommer neu die Kräfte fliehn,
die Astern strahlend wieder in die Gärten ziehn.

Die Pilgerbank am Jakobsfeld

Am Hang zur alten Römerstraße,
dort, wo die Wege sich heut gabeln,
wo Legenden ranken, manche Fabeln,
steht unter Linden eine Bank;
unweit, dem Schutzpatron sei Dank,
die Flurkapelle nach Jakobus' Maße.

Vorm Aussichtspunkt, der träumen lässt,
steht Flimmern über Wintersaat;
geistergleich, mit Schleiern aus Brokat,
ziehen Herbstfeen über brache Äcker hin.
Es kreist der Greif, verwunsch'ne Zauberin;
auf höchster Esche krönt ihr Liebesnest.

Als wär's ein Scherenschnitt mit Wundenschorf,
erhebt sich hinter Feldes Schwaden,
nach Futterwiesen und Prälatenpfaden,
wo schnaubend Rösser ihre Freude stampfen,
die Nachtfrostschollen in der Sonne dampfen,
mit Kloster das versonnen-stille Künstlerdorf.

Dicht hinterm Fluss thront majestätisch
in Bergeshöh' barockes Kronjuwel;
geweiht der Jungfrau, die ganz ohne Fehl
schützend über jeden Winkel wacht,
hat ihre frohe Botschaft ausgebracht
dem Landmann und dem Pfaffen paritätisch.

Ein Strahl erhellt den Wallfahrtshort
und wärmt an Heilig Kreuz den Tuff,
erleuchtet selbst das dunkelste Kabuff,
auch Jakobs Ehrenhaus, auf Tuff erbaut.
Der Bauer ihm Fürbitt anvertraut,
damit die Jahresernte wird Rekord.

Der auf der Bank geht zur Kapelle.
Ein Gitter trennt ihn vom Altar,
auf dem erinnert, was Legende war:
Muscheln, Feldfrucht, Weihekerzen,
ein Bild des Mannes mit dem Löwenherzen.
Der Pilger dankt ihm kniend auf der Schwelle.

Fontana dei Cavalli Marini

Geschützt von dem vertrauten Hain,
der gnädig Schatten gibt dem Rund,
liegt eingerahmt von grauem Stein,
das Wasser mit dem Licht im Bund.

Meeresrösser wiehernd stoben,
die Leiber im Galopp gestreckt;
Hufe stampfen auf die Wogen,
die Mähnenhälse hoch gereckt.

Wasser fällt in drei Etagen,
plantscht über Beckenränder ab;
Wasserschwalle Bahnen schlagen,
Fontäne steigt und fällt seitab.

Auf die Pferde fällt's von oben;
die Kaskade hält sie munter,
schwappt auf ihre Rückenbogen,
weiter ins Bassin darunter.

Im Brechen mancher Sonnenstrahlen
funkeln Münzen auf dem Grund,
von Paaren, die ihr Glück ausmalen.

Die Hengste, welche Zeugen aller Zeit, sind taub.
Stumm und blind die Köpfe aus den Hälsen ragen.
Trotz Lieb und Leid und Mord und Raub,
sie nicht den Sprung ans sich're Ufer wagen.

Nebeltage

Als hätt' der örtlich' Wettergott
über Nacht die Tüllgardine
vor die Fenstersicht gehängt.
Als wär's ein arg Schelmenkomplott;
Lausbuben hätten Gelatine
weiß-blauem Himmel beigemengt.

Überm Garten liegt ein Schleier,
verschwommen meine Astern steh'n,
Bäume graue Silhouette.
Keine Berge sieht der Bayer,
Motive sind nicht fotogen,
wie im Dunst der Zigarette.

Wehmut erfasst mich. Ohne Frage:
Ich ertrage keine Nebeltage!

Scheiden tut weh

Die Träne sagt, „wie schade,
dass mit diesem Kuss
es ist soweit, und gerade
jetzt ich scheiden muss."

„Viele muntre Stunden noch
wollt ich bei Euch weilen
und muss mich eilen doch,
Minuten nur mit Euch zu teilen."

„Die Kraft fehlt mir,
die Sinne schwinden,
mein Blick gilt dir,
hilf überwinden,
was mich noch trennt vom Garten Eden!"

Sehend spricht ihr trüber Blick:
„Am fernen Ort, nach langer Reise
sehen wir uns wieder; kein zurück,
bei Himmelstanz und Götterspeise!"

Abschied

Flieg, Seele, flieg,
mit himmlischer Musik,
als schimmernd Turteltäubchen,
aufs paradiesisch Bäumchen,
dort lustig sing den Liederstrauß,
vergiss uns nicht und ruh Dich aus,
flieg, Seele, flieg!

Winter

Morgengold

Reif bedeckt der Häuser Dächer,
Eiskristall erglimmt die Wiesen,
Dampf treibt über brache Äcker,
die Morgensonne sei gepriesen.
Sie taucht mit ihren Bündelstrahlen
in mein verschlaf'nes Blinzeln ein
und lässt des Thermometers Kältezahlen
belanglos hier in meinem Bette sein.

Die Krähe auf der wohlgewachs'nen Tann'
äugt sehnsüchtig aufs Felsenmeer
der Berge und kräht dann und wann
schreiend, krächzend ihr Begehr.
Will fliegen zu den Alpenspitzen,
um sich den Artensieg zu holen.
Möcht auch Geschicklichkeit besitzen
wie die meisterhaften Dohlen.

Ein goldgekörntes Wolkenband
driftet zu der Dohlen Höhn,
bis dessen güldener Bördelrand
zu Farn gefächert wird vom Föhn.
Ein künstlich kondensierter Streif
den Fächer in der Mitte teilt;
vielleicht hat durch Kometenschweif
den Wolkenschatz das Los ereilt.

Vorüber schwingt ein Schwanenpaar
voll Eleganz in Zweisamkeit.
Einer Elster werde ich gewahr,
die greift nach der Gelegenheit,
den Ausguck oben zu besetzen,
den die Krähe jüngst verließ,
um einer anderen nachzusetzen,
die für sie bessres Glück verhieß.

Nun scheint es licht auch um mein Haus,
die Katzen drängen nach der Tür,
wird höchste Zeit, sie müssen raus.
Hopp aus dem Bett! Viel spricht dafür,
dass Morgengold ist purer Schatz,
der mich gut wappnet für des Tages Hatz.

Glück

Mit Freuden grüßen wir die Sonne,
ob verdient, das fraget nicht.
Wer weiß, dass diese süße Wonne
bald verliert ihr sonniges Gesicht?
Muss weichen wilden Winterstürmen,
wo Schneeberge gen Himmel türmen,
und klirrkalt ächzt das Eis.

Das Riff

Ein Segeltörn mit Traute Börn
muss fein sein, dachte Ewald Klein.
Der Nebel lag am Weihnachtstag
dick und düster, wurde wüster.
Geschwind verschwand ihr „ja" im Wind,
Naturgefahr war absehbar.

Wellen schwanken, Seeluft tanken,
Lust mit Sinnen, Segel trimmen,
Anker lichten, Oden dichten,
Ziel erreichen, Segel streichen,
ohne Nerven Anker werfen,
ohne Tücken Bäumchen schmücken,
Päckchen packen, süße Sachen,
lustig lachen, essen fassen,
in der Kombüse gart Gemüse,
gebraten Fisch frisch auf den Tisch,
lecker Plätzchen für das Schätzchen,
zum Bierchen ein Pläsierchen,
nach dem Klaren trautes Paaren,
das war Ewalds Weihnachtstraum.

Sie nahmen Kurs auf Insel Lurs.
Noch vor dem Hafen, vor der Küste,
selbstbewusst vor Liebeslust,
übermannten sie Gelüste.
Er nahm die Traute in den Arm.
Vom Cockpit piepte ein Alarm.
Die Gefahr nahm keiner wahr.
Im Liebesrausch, ganz offenbar,
und im Geschluder mit dem Ruder
tat man, oh je, den falschen Griff.

Sie rammten das fatale Riff.

Die Weihnachtsgans

Ein Ganser trifft an einem See,
im Windschutz einer Azalee,
die Braut fürs Leben, Gott erhalts,
glücklich zur segensreichen Balz.

Ein Platz zur Brut im Gänsetritt,
vom Uferrand nur wenig Schritt,
baut in die Mulde sie das Nest,
im See feiern sie Hochzeitsfest.

Frau Vogel legt mit Gänsecharme
fünf Eier und hält diese warm.
Herr Ganter indes das Heim tarnt
und vor den bösen Buben warnt.

Die Möwe, die das Nest entdeckt,
nichts Gutes für die Gans bezweckt.
Mit wildem Schreien greift sie an
bis von Erfolg gekrönt ihr Fang.

Ein knapper Monat schnell vergeht,
vier Küken bilden das Geleg.
Die Gössel plustern ihren Flaum,
dem Gaga nach im Purzelbaum.

Mutter zeigt das Gräserrupfen,
rasch unters Gefieder schlupfen,
birgt, schützt, und droht mit Flügelschlag,
wacht mit dem Ganter Nacht und Tag.

Im niedren Schilf droht jetzt Gefahr.
Obwohl das Wasser sonnenklar
liegt hungrig dort ein Hecht auf Lauer,
Kükenleben: kurze Dauer.

Der größte Feind der Graugansschar
stets noch der Zweibeinräuber war.
Obwohl vegan und guter Europäer
rückt der friedlich grauen Gans
zum Weinachtstag der Kochtopf näher.

Zum Christkind

Zum „Christkind" gibt's in Bayern
nicht nur Jesu Geburt zu feiern.
Dort wo laut die Kassen klingeln,
regiert das Geld, statt Engelsingen.
Manch Erwachsener jetzt versäumt,
dass er vom Christkind einst geträumt.

Zum Christfest gehört Kinderfreude,
grün eine Tanne ins Gebäude,
der Duft von Apfel und Gebäck,
ein neues Tier im Krippeneck,
ein Lichtermeer von Bienenkerzen;
ein Hoffnungsstrahl in allen Herzen.

Zur Christnacht glänzen aller Augen,
Groß und Klein Vertrauen saugen
aus der Geschichte dieser Nacht.
Wenige halten dort die Wacht,
um das Ereignis zu bezeugen,
und sich vorm Kinde zu verbeugen.

Schneetreiben

Von rechts, von links treibt's dicke Flocken
in tänzerischen Kapriolen.
Sie lassen Kinder jauchzen, sie frohlocken,
in Keller eilen, Schlitten holen.

Wo gestern noch am Wiesenhang
mit weißem Tarnkleid „Herr Melin"
wieselnd sprang beim Beutefang
gilt nun auf Daune „Ski-Alpin".

Des einen Glück, des anderen Gram:
Der Rappe, auf der Koppel nah,
scharrt nach dem Dürrgras arbeitsam,
während Schimmelstute Gloria
wiehert laut „Viktoria".

So zeigt der Silberreiher aus dem Osten,
der unweit pirscht im Kreis Okkulter,
dem braunen Bussard auf dem Pfosten
nun kaltschnäblig die weiße Schulter.

Winterferien

Meist erst nach der Weihnachtszeit
wechselt die Natur ihr Kleid,
und der besung'ne Tannenbaum
steht immer noch in grünem Saum.

Aber prompt zum Ferienende,
kommt der Schnee mit Wetterwende,
und die dicken, weißen Flocken
lassen endlich all frohlocken.

Gedanken zum Jahreswechsel

Das Leben war im alten Jahr
nicht schlechter als es vorher war.
Doch stellt sich die Gewissensfrage,
wie war, wie wird die Wetterlage?

Manch Fragen stelle ich an mich,
manch Klagen richten sich an dich,
der du Verantwortung fürs Große trägst,
für Freud und Leid das Los bewegst.

Hab ich intensiv, mit Spaß, gelebt?
Hat freudvoll meine Brust gebebt?
Hielt ich Freunden auch die Treue?
Werd ich begegnen dir aufs Neue?

Hat meine Liebste mich noch lieb?
Wird Frieden oberstes Prinzip?
Konnt´ ich mit Schönem überraschen?
Manch Dankeslächeln leis´ erhaschen?

Hab mit der Liebsten ich gelacht?
Ihr Komplimente nett gemacht?
Hab auch die Armen ich besucht?
Für die gute Tat sie ausgesucht?

Ist mein Gewicht noch in der Waage?
Sieht mich recht oft die Sportanlage?
Wird Krankheit bald Geschichte sein?
Im Neuen gefühlt mehr Sonnenschein?

Schürt man im neuen Jahr den Krieg?
Führt nicht der Frieden nur zum Sieg?
Ist Klimawandel die Bedrohung?
Endet so menschliche Verrohung?

Ich wünsche mir fürs neue Jahr,
dass Friedensglück ist absehbar
und ich mit Freuden kann erleben,
wie böse Dinge still entschweben.

Friedensträume

Hoffnung stand im Raum.
Die Schritte waren klein.
Die Positionen rückten einander näher.

Der Präsident fand,
flexibel sein
soll doch der Gegner eher.

Die Unterhändler sind pikiert,
die Handelshand ist jetzt gebunden.
Wer so den Gegner dreist düpiert,
dem ist das Friedensmaß entschwunden.

Die Pazifistin

Sie sei tierliebend, ruhigen Blutes, fast vegan,
sie sei wie Gandhi sagte man.
Dennoch hat sie es getan:
Sie warf den Feta mit Effet
auf ihren Mann am Kanapee.
So zeigte Frau dem Ehemann,
dass sie auch kriegerisch sein kann.

Katzenjammer

Es schmeicheln sich zur Streichelhand
Zwölf Samtpfoten mit Absicht näher.
Die Kätzin schmust das Uhrenband,
es folgen schnurrend die zwei Käter.

Noch Besseres hebt die Katzenlaune,
ihr Fetisch hat die Art gewählt.
Das Kätzchen mag's unter der Daune,
die Käter Mäuschen ungeschält.

Der Kater

Am Straßenrand ein weißes Tier,
langgestreckt, nass, kalt, hilflos hier,
an dieser Biegung, die Pupillen weit,
Blut im Maul, Blick leer - in die Ewigkeit,
das Zünglein hechelte noch erschrocken,
dann war das Röcheln wohl abrupt gebrochen.
Die Hinterläufe, steif und voll von Blut;
das hat er nun von seinem Wagemut.

Weißbär, Schmusekater mit meist weißem Fell,
schnurrte laut, konzertant, professionell;
neigte den Kopf, um zu verstehen,
liebte es, im TV Eisbären zu sehen.
Er wedelte den Schwanz, so wie ein Hund
und tat damit seine besondere Freude kund.
Er jagte Erdklumpen und Steinen nach,
aus denen wurde jetzt sein Katzengrab.

Nun erjagt er im Katzenhimmel Wolkenfetzen.
Noch viele Male sahen wir mit Entsetzen
eine Katze über eine Biegung springen
und hofften, ihr wird dies besser gelingen
als unserem Weißbärn, der uns fehlt.
Katzenliebe keine Tränen zählt.

Zum Anschlag auf Charlie Hebdo

Wenn meine Stimme ich verliere,
im Rot ertrinkt meine Satire,
ist Freiheit im Blutbad zerronnen,
hat Ungeist durch Untat gewonnen,
dann steht gegen Terror und seid für
„Charlie",
und kämpft für Satire und gegen Phobie!

Drama beim König Ludwig Lauf

Eiszapfen drohten zu erfrieren!
Ein Hochtal hielt den Atem still.
Vermummte begannen zu skandieren
den Countdown, bis eine Sirene schrill
die Meute schickte Köder jagen.

Hunderte die Stöcke schwangen,
Tapes auf Nasen, Pflaster quer,
sie um die besten Plätze rangen.
Am Sattel staute sich das Heer,
ein Engpass; Schier kreuz und quer.

Um zu siegen, Läufer flogen
auf glatt gewachstem Schi dahin.
Sie mit Schnaufdampf weiter stoben,
gefühllos Fußzehen seit Beginn;
die Finger weiß – Getränke heiß.

Hoch sich auf den Schlossberg plagten;
der Abfahrtswind trieb Träneneis.
Stopp war hier für die Verzagten;
dem Wurm folgte ein Kälteschweif.
Gesichter voll von Schneekristall.

Fünfzig Kilometer hatten
viel Läufer schneeblind absolviert.
Als im Ziel die Nimmersatten,
wurde ein Fehlender notiert,
für ihn „Exitus" protokolliert.

Der läuft nun Ski im Garten Eden,
die Traumloipe zum Königsschloss.
Mein Gedenken gilt dem Schweden,
der bis zuletzt den Sport genoss.

Winterspaziergang auf dem Ammersee

Es knarzt verräterisch das Eis,
wenn sie auf seinen Schollen stampfen.
Noch zahlt der Frost Eisblumenpreis;
bald bringt die Sonne es zum Dampfen.

Ein Rappe trabt in sich'rer Spur,
mit Vorsicht setzt er seine Hufe.
Ein Bub von drahtiger Statur
rutscht auf seines Schlittens Kufe.

Ein Sportler jagt im Sauseschritt
mit Skiern über Zuckereis,
mit jedem Skating-Scherentritt
staubt Pulverschnee kristallen weiß.
Ein Pärchen schiebt sich eng umschlungen
auf dem glatten Grund dahin.
Laut rezitieren Engelszungen;
spricht wohl eine Dichterin.

Da bricht der Boden nass entzwei.
Der eben noch nach Anderen sah,
ist Opfer einer Tratscherei;
dem Grund des Sees ohn' Absicht nah.

Der See wurd' nicht zum kühlen Grab,
er ist dort kaum ein Meter tief.
Der Reiter kehrt zurück im Trab,
als aus dem Loch es „Hilfe" rief.
Mit Rodel, Skiern, Kraft vom Pferd,
voll Schlamm und schlotternd, unser Held
wurde geborgen, unversehrt.
Sie hat's in Versen nachgestellt.

Der Fall

Ein dekorierter „Feldmarschall"
vom Düsseldorfer Karneval
war auf dem Weg zum Maskenball,
zur Prunksitzung, zu der Narhall.

Er ritt das Wappenroß Walhall,
die Tanzmarie das Pferd Mistral
aus selbigem Gestütes Stall.
Marie wurde sein Sündenfall.

Am Wasserfall bei Rheinisch Hall,
so das Gericht zum Zwischenfall,
kam es zum Moralverfall.

Tanzmarie und Feldmarschall
war egal der Maskenball.
Sie kühlten ihren Hitzewall
in der Kaskaden Wasserschwall.
Beim kühlen Bad mit Eiskristall
kam es zum Zusammenprall
mit der Natur im Widerhall.

Vergessen war das Festival
beim Düsseldorfer Karneval.
Nur Pferd Mistral und Roß Walhall
kehrten mit Krawall zurück in ihren Stall.

Vor Gericht der große Knall:
Es gab noch keinen solchen Fall,
und, da der Richter selbst Narhall,
und liberal im Karneval,
und Frau Staatsanwalt
selbst Tanzmarie gewesen war,
gab's Freispruch für den „Feldmarschall".

Die causa zeigt, dass überall,
wo sich's vermischt im Karneval,
man wird im Strudel schnell zum Ball
mit dem dann spielt der Wasserfall.

Fünfte Jahreszeit

Corona & Zeitgeschehen

Vergängliches Glück

Mit Freuden grüßten wir die Sonne,
wir priesen sie im Lobgedicht.
Wir wussten nicht, dass sanfte Wonne
so schnell verliert ihr sonniges Gesicht.
Musst weichen wilden Winterstürmen.
Särge sich gen Himmel türmen
Und klirrend ächzt das Eis.

Zur Neige

Wie abends mir das Licht entweicht,
verfinstert mir zur Nacht die Stund,
so Ewiges bleibt unerreicht,
zur Neige geht der Lebensbund.

Schwindelnd stemm ich mich im Fallen
dagegen, klammer mich ans Leben.
Die Hilfeschreie still verhallen,
nackt sinke ich, doch meine Seele
beginnt himmelwärts zu schweben.

Maskerade

In Deutschland, dort trägt jedermann
Mund-Nasenschutz, wenn er es kann.
Damit nicht Viren sich verbreiten
bleibt brav man in Coronazeiten.

Doch sind nicht alle solidarisch.
Manch einer sagt, sie sei nicht arisch,
die Maske, die nicht wirklich nützt
und weder Jung noch Alt beschützt.

Für meinen Teil, ich hab's ganz gerne,
wenn es nur hustet in der Ferne,
und wenn ich beim Einkauf sehen kann,
dass hier Masken tragen Frau und Mann.

Ich mag nicht Schleim auf den Tomaten
und bespuckte Sonntagsbraten.
Auch wenn Nasen träufeln auf Bananen
von leugnerischen Altgermanen.

Auch ungern mag ich, wenn die Hand,
die gerad' noch mit der Nase war verzahnt,
nun dreht die Äpfel in den Steigen,
grabscht nach Gemüse, Obst und Feigen.

Da lob ich, was in schlimmen Jahren
half Menschheit zu bewahren:
In Memoiren ist zu lesen,
dass es Masken sind gewesen,
die, auch wenn sie heute sind verschrien,
gestoppt haben manch Pandemien.
Drum, wenn ich Einkäufe betreibe,
halt ich die Viren mir vom Leibe.

Die Nymphe Moria

Ruht auf der Nymphe sanften Formen,
weitab von heimatlichen Normen,
döst träumend hoffend vor sich hin.

Des Lagers Wärme, voller Freuden,
kann hoffnungsvolles Tun erzeugen,
treibt Illusionen, Lebenssinn.

Doch statt erwartet Mensch-Erbarmen,
mit willkommnen, offnen Armen,
rafft Feuersbrunst das Lager hin.

Er hat, verführt, im Team gezündelt,
die Nymph verbrannt, viel Leid gebündelt,
sein Liebesglück verfehlt darin.

Die Plakatwand

Moose kriechen kalt,
Planken trist verspannt,
schief verzogen, bald
wölbt sich die Wand gesamt.

Auf Gilb und Schimmel,
ein loses Blatt Papier,
flattert wie vom Himmel,
mit hölzern Wurmgetier.

Blauplakat lud ein
in Saalesweiten
zu Musik und Wein,
vor Coronazeiten.

Ganz stumm sie steht,
trägt Trauerflor,
der Herbststurm hebt
das letzte Blatt Papier empor.

Der Schlüssel

Es fiel ein Schlüssel einst ums Eck.
Für eine Weile herrschte Not.
Unwiederbringlich war er weg
bis sich ein neues Schloss anbot.

Der Keil, der die Gesellschaft spaltet

Die Studie spricht,
es schrumpft die Mittelschicht.
Die Armen werden mehr.
Sie werden ärmer.
Es wächst das Reichenheer,
doch nicht das Geld der Schwärmer,
die seit Jahren in getrennter Welt
auskommen mit wenig Geld,
das oft nicht reicht fürs Leben,
die nicht hoffen, so nicht Streben!

Wenn Armen bald das Brötchen fehlt
und manch Betuchter diesen Witz erzählt,
dass sie doch Kuchen speisen sollten,
wenn sie kein Brot mehr essen wollten,
dann ist die Spaltung greifbar nah.
Sozialer Sprengstoff, das ist wahr,
hat der Dame der Geschichte
den Kopf gekostet vor Gerichte.
Es war nicht nur der falsche Ton,
der Lust machte auf Revolution.

Der Tod des Mörders Ronny Lee Gardener

Festgebunden auf dem Stuhle,
fünf Männer stehen zum Schuss bereit,
blutiger Tod macht weiter Schule
in der Leitnation der Christenheit.

Keine Gnade für Lee Gardener,
dem Mörder, der verurteilt war,
und nun in der Utha-Stadt Draper
sein letztes Stündlein kommen sah.

Vier der Gewehre sind geladen,
das Fünfte trägt die Finte,
damit kein Schütze wird beladen
von Skrupeln zu der Todesflinte.

Damit auch zitternd Henker sicher treffen
ist ein Ziel auf Gardners Brust gesteckt.
Die Geschosse sollen zusammentreffen,
dass durch Blutverlust er schnell verreckt.

Im Kugelhagel dieses Pelotons
stirbt R. Lee Gardener auf der Stelle.
Der Text eines christlichen Chansons
schützt Leben und wogt Demo-Welle.

Das verpfuschte Leben eines Mörders,
machte Täter aus den Henkern,
und öffentlich das Sterben des Zerstörers.
Das Jüngste Gericht gehört dem Herrn.

Herr über Leben, über Tod,
das sollte Gott belassen sein.
„Du sollst nicht Töten" ist Gebot;
die Todesstrafe ist dagegen
archaisch-kultureller Schein.

Das Hantavirus

Vor Hantaviren wurd gewarnt.
Noch ist die Epidemie
zur Wintergrippe nicht verdaut
und die gelenkte Hysterie
zur Schweinegrippe abgeflaut.
Millionen von Ampullen
lagern in behördlichen Schatullen.
Nicht jeder kennt des Virus Pferdefuß.

Die Pharma-Industrie sucht neue Felder
für Forschung, Impfstoffe und Gelder.
Da ist ein Impfstofffreies Virus lieber,
wie das millionenfache Fußballfieber.

Coronaleugner

Ein Hund lebt seine Freiheit,
sagt er, ohne Mitgefühl,
darf Rehe jagen jeder Zeit,
der Mensch genauso, sagt er kühl.

So wie das Tier den Maulkorb hasst,
und sterben muss zur Stunde,
so auch die Maske nicht zum Menschen passt,
hört man aus Verschwörermunde.

So wie des Hunds Immunsystem
bewirkt, dass Viren draußen bleiben,
ist's für den Leugner ein Problem,
wenn wir Gefahren übertreiben.

Dann wird ein Feindbild aufgebaut,
von Machtergreifung wird geunkt,
„Alternativ" wird ausgeschaut,
auf You Tube, Twitter frech geflunkt.

Bald gibt es nur noch „Gut" und „Böse",
Radikale wollen an die Macht,
die Pandemie geht eigne Wege,
doch vor den Blendern habt gut acht.

Hütet euch vor deren Angst
und Rattenfängerlogik.
Gut, dass du vor Gefahren bangst,
vor verwirrter Demagogik.

Hab Mitleid mit den Infizierten,
und mit Helfern groß und klein,
lass reden die im Geist Verirrten,
könnt ja auch dein Bruder sein.

Der Sinn des Lesens

Im Internet ist auch zu lesen,
was der Sinn des Lesens ist.
sein sinnlich, geistig Wesen,
„Erlebnishilfe" laut Linguist.

Erlebnisreich und Zweck erfassend
soll man Texte nachvollziehen,
den Sinn des Komplex dann erhaschend
die logisch richtigen Schlüsse ziehen.

Lesen erbringt Lebensbildung;
Lektürewahl ein hohes Gut.
Ideologisch quere Bindung
blockt freien Analysemut;
der braucht nämlich frisches Blut.

Gendersternchen

Laura studiert Deutsch,
eine Sprache, die sich keusch
an Regeln und Ausnahmen hält,
die den Genetiv nur schriftlich fällt,
die mit Groß- und Kleinschreibung nervt,
deren Rechtschreibreform keine Probleme entschärft,
die nun Geschlechter-Stolpersteine aufrollt,
mit Gendersternchen und Diversem grollt,
so dass außer Landes flieht unsere Fee.
Freunde fragen besorgt: „Laura non ce?"

Frieden schaffen

Dem Vorderorientalenland
drohte erneut ein Flächenbrand.
Geschürter Hass und Machtgeschiebe,
Aderlass und Mordumtriebe,
Raketenflug und schuldlos Opfer,
Terrorangriff, Todesklopfer.

Strafe dem, der Schuld auflud,
der Gewalt säte, der Unrecht tut,
Stoppt den Krieg der Gegenwart!
Schaut hin, wo unschuldig wer starb!

Als in Srebrenica hub das Morden an,
wie in Syrien und beim Taliban,
da blickte man diskret zur Seite
und suchte international das Weite.

Im Würgegriff

Wer Frieden will, Vertrauen schafft.
Ein streifen Land, dahingerafft
von der Gier um Macht,
vom Protz der Kraft.

Weltgrößter Freiluftkarzer, ausgesperrt,
vergewaltigt, her und hin gezerrt.
Der Mensch, der siecht,
die Wut, sie kriegt.

Katjuscha

Für die Soldaten überraschend keck
mit einem hochfrequenten Jammern
pfiff die Rakete übers Zelt hinweg.
Sie leerte ihre Antriebskammern
noch tausend rettend Meter weiter,
erst Schreckensangst, dann Stimmung heiter.

Der Todesschlag erfolgte nördlich,
die Untersuchung streng behördlich.
Den dreißig Deutschen in dem Zelt
hatte das Glück sich zugesellt.

Es herrscht Gewalt in Afghanistan

Im kriegsmüden Afghanistan
assistiert Gewalt dem Sensenmann.
Dämon ist dort der „Taliban",
ein radikaler Muselmann.

Mit Opium raffte er Millionen,
schoss auf Schulen mit Patronen,
Blut, Leid, Hinterhalt, Kanonen,
Mohn, statt Konversion-Maronen.

Täglich von Kinderopfern hören,
heißt nicht lernen aus den Lehren.
Beim Rückzug aus Afghanistan
fragt man sich in Deutschland dann:
Wurde genügend dort getan?

Bodenschätze

Unter Afghanistans Erde
verbirgt sich ein Millionenschatz.
Was aus den Ressourcen werde,
fragt ein Presse-Titelsatz?

Auf dem Boden tobt ein Krieg,
drunter schlummern manch Milliarden.
Den Bodenschatz-gerechten Sieg
verdient das Volk, nicht fremde Garden.

Ein Glas Wein

Das eine Glas Wein
wird ewig in Erinnerung sein.
Der, mit dem ich es trank,
drei Tage später seinen Jesus fand,
zerrissen von den Sprengstoffteilen;
er wollte einem Mann zu Hilfe eilen,
der einen Auto-Unfall vorgeschützt.
Der hat meinen Weinbruder benützt
und alles in die Luft gesprengt.

Menschen mussten leiden, manche sterben.
Dutzenden Händlern blieben nichts als Scherben.
Den zwei Begleitern fehlten anschließend drei Beine.
Im Jenseits empfing, statt Jungfrauen,
den Taliban das Seine.

Feuer am Kunduz-Fluss

„Im Einsatz stehst mit einem Bein
du tief im Grab
und mit dem anderen im Gefängnis!"
Ob diese Devise weiter gelten mag
klärte rechtstaatliches Verständnis.

Im Bombenhagel starben schuldlos Menschen
im Wiederaufbau-Kunduz-Tal.
Man sah in flimmernden Sequenzen
im Film Turban-, Pakol-, Fez-Sentenzen
und Waffen in anschlagsnaher Zahl.

Doch als es Feuer spie am Kunduz-Fluss,
Turbane loderten zum letzten Schrei,
da fragte die Welt „Welch Todeskuss?"
Den Taliban waren zivile Opfer einerlei.

Von der Pflanze Wesen

Die Zwergseerose blüht eurasisch,
blaublütig duftend rot bis weiß.
Sie mobbt die andere, die kaukasisch,
nicht gedeiht im Hexenkreis.

Die Ros von Quebec tickt kanadisch,
ihr Aromaduft bedingt nur zart,
ob einst nomadisch, auch arkadisch,
badisch wäre bessere Lebensart.

Wegen dieser Pflanze Hochmut-Wesen
Sollt', unter Arten groß und klein,
jede Blume, die nicht Zwerg gewesen,
doch eine Wasserrose sein.

Ich möchte Dein Seidentuch sein

Ich möcht ein Seidentuch von Émile Hermés sein,
kühl am Tag und zart zum abendlichen Wein.
Umschmeicheln möcht ich Dich am Hals, als Stirnenband,
mit Quasten, Tressen, goldenem Fransenrand.

Ich möcht als Turban Deinen Kopf bewachen,
im Rouge-Gewande mit Dir lachen,
als Accessoire geliebte Formen hüllen,
Dir nah sein, Deine Wonnen füllen.

In leichtem Strick als transparenter Kaschmirschal
möcht ich Dein Begleiter sein und Dein Gemahl.
In Nougat, Himmelsblau und Purpurfarben,
Reize stets bunt um Gunst und Liebe warben.

Ich möchte Dein Trophäentuch aus Seide sein,
voll von Siegfiguren und Medaillen Dein,
mit weichen Linien, Körperkult verschönt,
als Damast-Pokal der Liebe, preisgekrönt.

Ich möchte ein von Dir geliebtes Tuch aus Seide sein,
frei von Mix, in Urform, biologisch rein,
von Seidenspinner oder Kaschmir-Ziege,
auf dass in Liebe ich mich an Dich schmiege.

Der Autor

Hans-Peter Grünebach, geb. 1948 in Bogen/Donau, lebte u. a. in Garmisch-Partenkirchen, München, Berlin, in den Niederlanden, in Italien. Sarajevo, Skopje und Kabul waren Stationen seines beruflichen Lebens. 2007/2008 Autoren-Fernstudium. Neben Lyrik und Prosa in Anthologien und Literaturmagazinen sind von ihm erschienen: „Begegnungen auf dem Balkan – Einsatz für den Frieden", Kurzprosa in „Tuffsteinrosen", „Deutsch-Afghanische Freundschaft – Alles nur Theater?", „Champagner für den Chef – Ungereimtes Gereimtes aus Politik & Liebe", „Dreikampf, Eros & Tattoos", „Wundersame Welt", „Malt mir den Himmel bunt – Durch die Jahreszeiten", „Sir Archibalds Seelenreise", „Sportissimus – Höhenrausch und Katzenjammer", „Traumfrau gefällig? – jede Frau ein Gedicht", „Der zerbrochene Leonardo – Geschichten zur Weihnachtszeit", „Natur, Umwelt & L'Amour".

Inhalt

Frühling — 7

Frühlingstraum	9
Frühlingsgefühle	10
Rausch des Frühlings	11
Osterfreude	12
Bade, bade, Osterhase!	13
Regentage	14
Biberpelze	16
Die Amsel	18
Kamikaze-Elster	20
Der Star	21
Krone der Schöpfung	23
Erste Liebe	24
Erste Berührung	25
Versuch einer Liebeserklärung	26
Erstkommunion	28
Lauf zum 1. Mai	31
Der Löwenzahn	34
Katzenwahl	36
Zum Lago Maggiore mit dem Rad	38

Sommer — 43

Neumond	45
Des Malers Mohnfeld	46
Sommerzeit	48
Der Rehbock	49
Der Traum vom Meer	51
Hundstage	53

Laurentius-Tränen	54
Malt mir den Himmel bunt	56
Sommerlicht	58
Hasenjagd zur Fußballweltmeisterschaft	60
Götterdämmerung	61
Ode an eine Literaturzeitschrift	62
Unter Trauerweiden	64
Tragödie auf dem Klosterdach	66
Die Rose	69
Das Klostergut	70

Herbst 75

Altweibersommer	77
Griechischer Traum	78
Der Igel	79
Heidschnuckenmahl	80
Der Erlenkönig	82
Die Reschenschlange	83
Über die Riffelscharte	84
Modenschau Oktoberfest	86
Herbstgedanken	88
Erntedank und Winterträume	90
Asternblüte	91
Die Pilgerbank am Jakobsfeld	92
Fontana dei Cavalli Marini	94
Nebeltage	96
Scheiden tut weh	97
Abschied	98

Winter — 99

Morgengold	101
Glück	103
Das Riff	104
Die Weihnachtsgans	106
Zum Christkind	108
Schneetreiben	109
Winterferien	110
Gedanken zum Jahreswechsel	111
Friedensträume	113
Die Pazifistin	114
Katzenjammer	115
Der Kater	116
Zum Anschlag auf Charlie Hebdo	118
Drama beim König Ludwig Lauf	119
Winterspaziergang auf dem Ammersee	121
Der Fall	123

Fünfte Jahreszeit Corona & Zeitgeschehen — 125

Vergängliches Glück	126
Maskerade	129
Die Nymphe Moria	131
Die Plakatwand	132
Der Schlüssel	133
Der Keil, der die Gesellschaft spaltet	134
Der Tod des Mörders Ronny Lee Gardener	135
Das Hantavirus	137
Coronaleugner	138
Der Sinn des Lesens	140

Gendersternchen	141
Frieden schaffen	142
Im Würgegriff	143
Katjuscha	144
Es herrscht Gewalt in Afghanistan	145
Bodenschätze	146
Ein Glas Wein	147
Feuer am Kunduz-Fluss	148
Von der Pflanze Wesen	149
Ich möchte Dein Seidentuch sein	150
Der Autor	152